학습컨설팅 시리즈

05

학습전략 프로그램 워크북

: 시험관리

Learning Strategies Program Workbook: Test Management

김정섭 · 강명숙 · 윤채영 · 정세영
김지영 · 김소영 · 황두경

박영story

머리말

미래에는 학습이 중심이 되는 시대가 올 것이며, 평생학습이 더 확산될 것이다. 그러나 아직까지 학교현장은 학습보다 교육에, 학생역량보다 교사역량에 더 초점을 두는 것 같다. 가르치는 사람이 교육의 주체라고 여기는 사람들이 여전히 많기 때문이다. 대부분의 사람들은 교사가 잘 가르치면 학생은 잘 배울 것이라고 믿는다. 그래서 많은 교육자들이 학습의 질은 교육의 질을 넘어설 수 없다고 말한다.

그러나 교육의 질과 학습의 질을 동의어로 보아서는 안 된다. 교사의 역량과 상관없이 학생이 자기주도적으로 학습할 때 더 잘 배울 수 있기 때문이다. 교사가 가르치는 역량을 높여야 학습이 잘 이루어진다는 생각은 학생을 지나치게 수동적인 존재로 보는 관점이다. 교사가 어떻게 가르치느냐에 따라 학생의 학습수준이 결정된다고 보기 때문이다.

우리는 이런 관점에서 벗어나 학생의 학습역량을 높이는 것이 무엇보다 중요하고 선결되어야 한다는 관점을 가지고 있다. 학생이 학습으로부터 도망가고 있는데, 교사의 수업역량만 개선하는 것은 문제의 본질을 건드리지 못하고 변죽만 울리는 꼴이다. 교사연수를 통해 교사의 역량을 향상시키려 하였으나 학생의 학습문제가 더 심각해지는 현실을 보면, 교육에 대한 관점의 전환이 필요한 시점임을 알 수 있다. 우리나라 학생들은 대부분 대학진학을 목표로 열심히 공부하면서 학창시절을 보내고, 대학진학 후에도 취업하기 위해 열심히 공부한다. 그러나 많은 대학생은 스스로 학습관리를 해 나가야 하는 학습환경 속에서 당혹감과 상실감을 경험한다. 대학 수업에 적합한 학습전략을 가지고 있지 않을 때 더욱 그렇다. 우리는 학업에 적응하지 못하는 대학생을 연구하며, 이러한 문제를 해결하기 위해 초등학생 및 중학생 때부터 학습전략을 익히고 활용하는 것이 중요하다는 것을 알게 되었다. 여러 해 동안 초등학교와 중학교에 학습전략 프로그램을 적용하며 그 효과를 연구하였고, 많은 연구물과 책을 발간하게 되었다. 그리고 기존의 책들을 정리하여 이 책을 재출간하였다.

특히 아직 스스로 학습하는 방법을 모르는 초등학생과 중학생들에게 이 학습전략 프로그램을 권하고 싶다. 또한 학교나 기타 교육기관도 학생들에게 단지 '열심히 공부하라'고 말하기보다는 이 프로그램을 도입하여 아이들이 진정한 꿈을 찾고 그 꿈을 달성하는 방법을 익히도록 도와주기를 권한다.

이 책은 다음과 같이 구성되어 있다. 첫 권은 시간관리에 관한 것이다. 학습의 양은 실제로 학습한 시간에 정비례한다. 학습하기 위해 사용한 시간이 많을수록 배운 것이 더 많다는 것이다. 여기서 중요한 점은 책상에 앉아 있는 시간이 아니라 집중해서 학습한 시간의 양이다. 목표의식을 잃은 아이들은 학습에 집중하지 못하고 왜 학습해야 하는지도 모른다. 따라서 학습은 시간관리부터 시작해야 한다. 이 책의 안내에 따라 교육받은 학생은 자신의 꿈을 찾는 것과 그 꿈을 이루기 위해 시간을 효과적으로 관리하는 방법을 배우게 될 것이다.

둘째 권의 집중전략 부분에서는 집중이 잘되는 환경을 만들고, 집중력을 높이는 다양한 방법이 소개되어 있다. 이 책에서는 학생들이 자신의 어떤 집중력이 부족한지 파악하고 그것을 극복하는 방법을 배우게 될 것이다.

셋째 권은 기억전략의 내용을 담고 있다. 아무리 많은 시간 동안 집중해서 공부했더라도 자고 나서 그것을 잊어버린다면 정말 안타까울 것이다. 따라서 배운 것을 잘 기억하는 방법을 익히면 그렇지 않은 학생에 비해 더욱 학업성취도를 높일 수 있을 것이다.

넷째 권의 읽기전략 부분에서는 사칙연산이라는 신선한 접근법을 통하여 읽기전략을 쉽게 가르치고 배울 수 있다. 특히 대부분의 학생들이 어려워하는 추론하면서 읽기 부분을 세분화하여 단계별로 학습할 수 있도록 구성하였다.

다섯째 권의 시험관리는 평소 공부습관과 시험에 대한 태도부터 시험 직전까지의 준비와 실제 시험상황 그리고 시험 후의 분석까지 체계적으로 알려주고 있다. 또 시험불안에 대한 정도를 알아보고 이를 극복할 수 있는 방안까지 제시하고 있어서 시험에 대한 걱정이 많은 학생들에게 도움이 될 것이다.

이 다섯 가지의 학습전략 프로그램은 학습컨설턴트나 교사가 학생들에게 쉽게 전달할 수 있도록 수업지도안 형태로 구성되었으므로, 전문가가 학생들에게 쉽게 전달할 수 있는데 조금이나마 도움이 되리라 믿어 의심치 않는다. 많은 이들이 사용해보고 피드백을 연구진에게 전해 준다면, 점차 더 좋은 책으로 발전되리라 확신한다.

OECD 국가 중 행복지수에서 우리나라가 항상 하위권에 머무르고 있다. 더구나 학생들의 행복지수는 거의 꼴등에 가까운 것이 현실이다. 따라서 이 책을 통해 많은 아이들이 학습에 있어서 진정한 행복을 느낄 수 있기를 진심으로 바라는 바이다. 끝으로 이 연구결과물이 나올 수 있게 도움을 주신 많은 분들께 감사의 말을 전한다.

저자를 대표하여 김 정 섭

목 차

chapter

01

시험준비 방법 알기

Best
Dream
1
2
3

CHAPTER 01 시험준비 방법 알기

- 시험을 생각하면 누구나 긴장이 되고, 떨리고 잘할 수 있을까하는 걱정부터 앞서게 됩니다. 여러분은 어떤가요? 그렇지만 시험을 미리 관리하고 올바르게 준비한다면 평소의 실력만큼 혹은 그 이상의 성과를 올릴 수 있습니다. 시험관리란 시험 상황에서 자신의 실력을 최대한 발휘하기 위해 실시하는 시험 준비, 시험 보는 방법, 시험 후 분석을 뜻합니다.
- 제1장에서는 '시험'과 '시험관리'에 대한 개념을 이해하고, 자신의 성적과 공부 습관을 파악한 후 효과적인 시험준비 방법에 대해서 알아봅니다.
- 여러분이 시험에 대한 준비와 관리 방법을 모르다면 제1장의 내용을 통해 시험을 대하는 마음가짐과 더불어 어떻게 시험을 관리해야 하는지를 전반적으로 알 수 있습니다. 여러분의 준비 정도에 따라 시험관리 모듈 중에서 필요한 부분만 선택해서 사용하는 것도 효과적일 것입니다.

목표

- 시험과 시험관리가 무엇이며 시험을 위해 필요한 것들을 이해할 수 있다.
- 현재 자신의 성적과 공부 습관을 파악하고, 시험관리에 대한 올바른 태도를 가질 수 있다.
- 시험을 효과적으로 준비하는 방법을 이해할 수 있다.

준비물

- 학생용 워크북
- 포스트잇, 성적표, 싸인펜

모듈 1.1

시험관리란 무엇일까?

활동 1 시험이란 무엇인가?

'시험'하면 떠오르는 생각들을 포스트잇에 적어보세요. 자신이 적은 포스트잇을 모둠 활동판에 붙이며 모둠에서 돌아가면서 발표해 봅시다. 비슷한 내용은 같이 묶어서 분류해 보세요.

이 활동을 한 후 '시험'에 대한 자신의 생각이나 느낌을 적어보세요.

활동 2 시험관리란 무엇인가?

'시험관리'란 무엇이라고 생각하나요? 시험관리를 위해 필요한 것에는 어떤 것들이 있을까요? 자신이 적은 내용을 모둠에서 돌아가면서 발표해 봅시다. 비슷한 내용은 같이 묶어서 분류해 보세요.

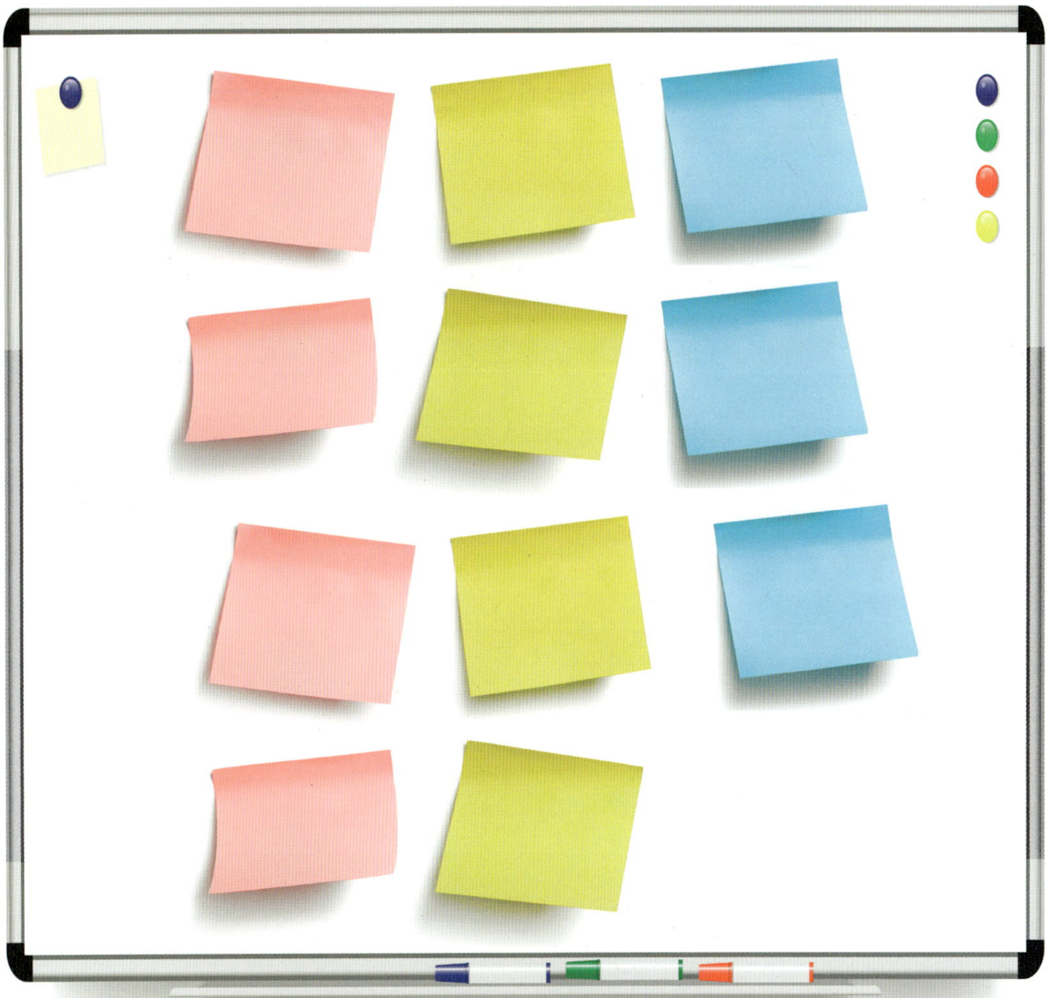

이 활동을 한 후 '시험관리'에 대한 자신의 생각이나 느낌을 적어보세요.

모듈 1.2

공부습관 알아보기

활동 1 현재 나의 성적은?

성적표를 보고 과목별 1차 시험과 2차 시험의 성적과 평균을 적어봅시다.
잘하는 과목과 더 노력해야하는 과목을 확인해보고, 무엇을 중점적으로 공부해야 할지 우선순위를 매겨보세요.

	국어	사회	영어	수학	과학	평균
1차 시험						
2차 시험						
잘하는 과목						
더 노력해야하는 과목						
우선순위						

활동 2 나의 공부습관은?

자신에게 해당되는 것에는 O표, 해당되지 않은 것에는 X표를 합니다.

1. 수업시간 전에 공부할 내용을 예습한다.(　　　)
2. 수업시간에 집중해서 선생님의 말씀에 귀 기울여 듣는다.(　　　)
3. 중요한 것은 노트에 필기한다.(　　　)
4. 책을 읽을 때 중요한 것에 밑줄을 긋거나 표시한다.(　　　)
5. 모르는 것이나 이해가 안 되는 것은 표시해서 질문한다.(　　　)
6. 수업에서 배운 내용을 매일 스스로 복습한다.(　　　)
7. 시험공부를 하기 전에 목표를 세운다.(　　　)
8. 시험 치기 전에 계획을 세워서 공부한다.(　　　)
9. 시험 치기 전까지 시험범위를 두 번 이상 반복해서 공부한다.(　　　)
10. 시험 후 틀린 이유를 분석하여 다시 확인한다.(　　　)

O표 한 개수 : (　　　)개

나의 공부습관 분석

가장 고치고 싶은 공부습관

활동 3 시험에 임하는 나의 각오는?

다음 글을 읽고 시험에 임하는 나의 각오를 적어 봅시다.

내 인생의 책임자는 나!

나는 ○○이 되고 싶어.
○○이 되려면 지금 내가 무엇을 해야 할까?
그래 일단은 공부를 해야지.

내가 공부하는 이유는 뭘까?
부모님 때문에? 선생님 때문에?
아니, 나는 나를 위해 공부하는 거야.

내가 더 노력해야 하는 공부는 뭘까?
○○과목과 ○○과목이야.
지금보다 더 열심히 공부한다면 더 잘 할 수 있어.

그래, 중요한 건 바로 내 마음이야!
내 공부는 내가 하는 거야!
내 공부의 책임자는 나야!
내 인생의 책임자도 바로 나야!

나의 각오

모듈 1.3

시험준비 방법 알아보기

활동 1 시험준비 방법은?

다음 네모칸에 시험공부를 하는 방법을 차례대로 적어 봅시다.

시험준비 방법을 알아본 느낌과 앞으로 어떻게 시험을 준비할지 자신의 생각을 간단히 적어 보세요.

chapter 02

시험준비 시작하기

100

CHAPTER 02 시험준비 시작하기

- 시험준비는 목표점수를 정하고, 시험범위와 학습해야 할 교재를 확인한 후 공부할 시간을 계산하여 시험공부 계획을 짜는 것을 의미합니다. 이를 위해서는 도전하고자 하는 목표를 구체적으로 정하는 것이 필요합니다. 여러분이 시험을 막연히 잘 보겠다는 결심보다는 점수 또는 등수 등을 구체적인 숫자로 표시하여 시각적으로 확인할 수 있도록 하는 것이 목표를 달성할 가능성을 높일 수 있습니다.
- 제2장에서는 시험준비를 위한 첫 단계로 목표점수를 정하고 공부시간을 계산하여 시험계획을 세우는 방법을 이해하고 실천하는 것을 목표로 합니다.
- 시험공부를 열심히 하지만 체계적인 계획을 세우지 못하는 학생들과 정확한 시험범위 및 필요한 학습량을 모르고 공부하는 학생들은 제2장의 내용을 통해 구체적인 목표와 시험계획을 세워서 공부할 수 있습니다. 대체로 복습을 위해 시험 3주전에 시험계획을 세우는 것이 적당하지만, 평소에 꾸준히 공부하는 습관이 되어 있다면 최소 2주 정도 압축하여 계획을 세울 수도 있습니다. 시험계획을 세울 때 여러분의 개인적인 생활 습관과 능력에 따라 유연하게 계획을 짜는 것이 필요합니다.

목표

- 목표점수를 정하고 공부할 시간을 계산할 수 있다.
- 시험계획을 세우는 방법을 이해할 수 있다.
- 체계적인 시험계획을 세울 수 있다.

준비물

- 학생용 워크북, 필기구
- 일주일 동안의 생활 기록표(미리 알아오기)

모듈 2.1

목표점수는 어떻게 정할까?

활동 1 목표점수는?

지난 시험 점수의 목표 달성 여부와 다가오는 시험에 받고 싶은 목표점수를 정하여 봅시다.

이전 시험 목표점수					
이전 시험 점수					
목표 달성 여부					
다가올 시험 목표점수					

목표점수를 정했으면 어떤 과목부터 공부할지 우선순위를 정해보세요.

내가 먼저 공부해야 하는 과목은?					
우선순위를 정한 이유	______ 과목을 1순위로 정한 이유는				

모듈 2.2

시험범위 확인과 시험공부 방법 정하기

활동 1 시험범위와 공부할 교재는?

시험범위 확인과 학습 교재확인하기

시험 칠 과목, 시험범위를 확인하여 적고, 공부해야 할 교재를 적어봅시다.

과목	시험범위	쪽수	교재

시험공부 방법 정하기

각 과목을 어떻게 공부하면 좋을지 방법을 적어보세요.

과목	방법(내가 공부했던, 알고 있으나 사용하지 못했던 방법 등)

모듈 2.3

공부시간 계산하기

활동 1 공부할 수 있는 시간은?

일주일동안 공부할 수 있는 시간을 계산하여 봅시다. 고정시간, 생활시간을 색칠한 후 공부할 수 있는 시간이 얼마큼 되는지 알아보세요.

	월	화	수	목	금	토	일
7:00							
8:00							
9:00							
10:00							
11:00							
12:00							
오후1:00							
2:00							
3:00							
4:00							
5:00							
6:00							
7:00							
8:00							
9:00							
10:00							
11:00							
12:00							
공부할 수 있는 시간							

활동 2 과목별 공부시간은?

1순위 과목의 시험범위를 모두 공부하는데 걸리는 시간을 대략적으로 계산하여 봅시다.

1순위 과목	교과서	문제집	유인물

과목	평가범위	쪽수	교재	필요한 시간

다른 과목의 시험범위를 모두 공부하는 데 걸리는 시간을 대략적으로 계산하여 봅시다.

과목	평가범위	쪽수	교재	필요한 시간

모듈 2.4

시험계획 세우기

활동 1 회차별 시험계획 세우기

1회 반복

시험과목을 3일 동안 나누어 한 번씩 공부할 수 있도록 계획을 세워보세요.

날짜	과목	교재	범위	문제집	예상 시간	우선 순위	체크

2회 반복

시험과목을 2일 동안 나누어 한 번씩 공부할 수 있도록 계획을 세워보세요.

날짜	과목	교재	범위	문제집	예상 시간	우선 순위	체크

3회 반복

하루에 시험과목을 모두 훑어 볼 수 있도록 계획을 세워보세요.

날짜	과목	교재	범위	문제집	예상 시간	우선 순위	체크

chapter

03

시험불안 극복하기

CHAPTER 03

시험불안 극복하기

◉ 시험불안이란 시험에 대한 지나친 불안 때문에 공부에 방해를 받거나 시험 볼 때 신체적, 정서적 어려움을 경험하는 것을 의미합니다. 시험불안은 왜 생기는 것일까요? 시험불안을 느끼는 여러 가지 이유가 있겠지만 먼저 시험관리 능력이 부족하기 때문일 수 있습니다. 또, 시험이라는 상황을 두렵고 어려운 것으로 생각하여 실패할 것이라고 미리 걱정하거나, 시험결과에 대해 부모, 교사, 친구가 하는 평가에 지나치게 민감하기 때문에 생길 수 있습니다.

◉ 제3장에서는 시험불안이 무엇인지 알아보고 불안으로 인하여 나타나는 증상을 분류하여 이해한 후, 구체적인 시험불안 극복방법을 소개하고 있습니다. 먼저, 개인적인 특성에 따라 다르지만 시험, 발표 등 긴장된 상황에서 느끼는 불안은 연습을 통해서 극복될 수 있다는 것을 염려해 두어야 합니다. 다음으로, 시험이나 발표 등을 앞둔 상황에서 자신의 불안 정도를 점검해보고, 나타나는 불안 증상들이 있는지, 시험이나 발표 후에 어떻게 불안을 완화했는지 등에 대해 꼼꼼하게 점검합니다. 마지막으로 시험불안 극복을 위한 구체적인 방법으로 생각바꾸기, 걱정멈춤법, 호흡법, 이미지 상상법을 이해하고 연습해 봅니다.

◉ 제3장은 비효과적인 학습습관을 지니고 있어서 시험불안이 높은 학생, 시험준비를 제대로 하지 못해서 시험을 잘 치지 못하는 학생, 공부는 충분히 했지만 시험을 치는 동안에 생기는 부정적인 생각 때문에 시험불안이 높은 학생들이 이용할 수 있습니다.

목표

◉ 시험불안의 정의와 증상을 이해할 수 있다.

◉ 생각바꾸기 방법을 사용할 수 있다.

◉ 걱정멈춤법과 호흡법을 이해하고 시험 상황에 적용할 수 있다.

◉ 이미지 상상법을 이용하여 시험불안을 극복하는 데 활용할 수 있다.

준비물

◉ 학생용 워크북

◉ 싸인펜

모듈 3.1

시험불안이란 무엇일까?

활동 1 시험불안이란?

'시험불안'이란 말은 무슨 뜻일까요? 자신이 생각한대로 써 보세요.

시험 칠 때 못할까봐 걱정하는 것, 답안지를 밀려 적으면 어쩌나하는 걱정,
시험 칠 때 느끼는 불안감, 시험지를 받으면 긴장되고 떨리는 것 등

다음 중 자신이 자주 겪는 시험 불안 경험에 ✔ 표시해 보세요.

- □ 아무리 공부해도 시험을 잘 못쳐.
- □ 이번 시험마저 못 치면 난 정말 끝이야!
- □ 첫 시험을 잘 쳐야 남은 시험도 잘 치는데.
- □ 시험 치면서 불안하다는 것은 결과가 나쁠 것이라는 징조야.
- □ 아무래도 이번 시험은 잘 못 칠 것 같아. 내 예감이 틀린 적이 없어.
- □ 답안지를 쓸 때 한 칸씩 밀려 쓰면 어쩌지.
- □ 이번 시험은 중요한 시험인데, 지난번처럼 또 망칠 것 같아.
- □ 두근거림
- □ 몸이 떨림
- □ 신체부위에 땀이 남(손, 코 등)
- □ 안절부절못함
- □ 머리가 굳어 버리는 느낌
- □ 몸에 힘이 빠짐
- □ 손톱을 물어뜯음
- □ 화장실에 자주 가게 됨
- □ 머리가 아픔
- □ 배가 아프고 설사가 남
- □ 소화가 안 됨
- □ 호흡이 곤란함
- □ 얼굴이 화끈거림
- □ 신경이 날카롭고 예민해짐
- □ 시험이 없어져버렸으면 좋겠음
- □ 두려움
- □ 울고싶음
- □ 당황스러움
- □ 집중이 안 되고 산만해짐
- □ 기억이 잘 안 남
- □ 내용이 눈에 안 들어옴
- □ 자꾸 딴 생각이 남
- □ 아는 것이 생각 안 날까봐 두려움
- □ 모르는 것이 나올까봐 걱정
- □ 시간이 모자랄까봐 걱정
- □ 공부를 제대로 못한 것 같은 걱정
- □ 시험을 망칠 것 같은 걱정

나를 가장 고통스럽게 하는 것은 ______________________

이것을 극복하기 위해 ______________________________________

____

모듈 3.2

시험불안 수준 알아보기

활동 1 나의 시험불안 정도는?

다음 중 자신에게 해당되는 내용에 ✔표시해 보세요.

	내 용	전혀 그렇지 않다	대체로 그렇지 않다	보통이다	조금 그렇다	정말 그렇다
		1	2	3	4	5
1	시험지를 받고 문제를 한번 훑어볼 때 나도 모르게 걱정이 앞선다.					
2	시험 공부가 잘 안 될 때 짜증만 난다.					
3	시험 문제의 답이 알쏭달쏭하고 생각나지 않을 때 시험 준비를 더 열심히 하지 않은 것을 후회한다.					
4	부모님이 시험이나 성적에 관해 물어보실 때 겁을 먹고 어찌할 바를 모른다.					
5	친구들과 답을 맞춰보면서 시험에 대해 얘기를 나눌 때 나보다 친구들이 더 좋은 점수를 받았다는 생각에 시달린다.					
6	시험 치기 직전 책이나 참고서를 봐도 머리에 잘 들어오지 않는다.					
7	시험지를 받을 때 가슴이 두근거릴 정도로 긴장한다.					
8	답안지를 제출할 때 혹시 표기를 잘못하지 않았는지 신경이 쓰인다.					

9	시험 치기 전날 신경이 날카로워져 소화가 잘 안 된다.					
10	답안지에 답을 적는 순간에도 손발이 떨린다.					
11	시험 문제를 푸는 중에도 잘못 답하지 않았는지 걱정하며 애를 태운다.					
12	시험을 치다가 시간이 부족하다는 것을 느꼈을 때 허둥대고 당황한다.					
13	시험이 끝나고 집으로 돌아갈 때 힘이 빠진다.					
14	시험 문제가 어렵고 잘 풀리지 않을 때 가슴이 답답하고 입이 마른다.					
15	시험 날짜와 시간표가 발표될 때 시험 걱정 때문에 마음의 여유가 없어진다.					
16	시험 공부를 다 하지 못하고 잠이 들었다 깼을 때 눈앞이 캄캄하고 막막하다.					
17	틀린 답을 썼거나 표기를 잘못했을 때 가슴이 몹시 조마조마해진다.					
18	선생님이 시험 점수를 불러주실 때 불안하고 초조하다.					
19	자신이 없거나 많이 공부하지 못한 과목의 시험을 칠 때 좌절감을 느낀다.					
20	부모님께 성적표를 보여드리기가 두렵다.					

(황경렬, 1997)

나의 시험불안 점수는 _____ 점

모듈 3.3

시험불안 극복 방법 1

활동 1 시험불안을 극복하려면?

시험불안을 극복하려면 어떻게 해야 할까요? 자신이 알고 있거나 사용하고 있는 방법을 써 봅시다.

다음 〈보기〉 문장은 시험에 대해 많은 사람들이 쉽게 가지는 잘못된 생각들입니다. 각 문장을 읽고 무엇이 잘못된 생각인지 친구들과 토의한 후 합리적인 생각으로 바꾸어 봅시다. 〈보기〉 중 하나를 골라 표 안에 정리해 보세요.

- 나는 운이 나빠
- 성적이 안 오르는 것을 보면 내 머리가 나쁜 거야
- 난 시험만 보면 망쳐
- 재원이는 공부를 잘하니깐 성공할 것이고, 난 성적이 나빠서 성공하지 못할거야
- 노력해서 잘못하느니 차라리 안하고 말겠어

선택한 문장	
선택한 문장 논박하기	
합리적인 생각으로 바꾸기	

모듈 3.4

시험불안 극복 방법 2

활동 1 걱정멈춤법과 사각호흡법

걱정멈춤법

시험불안에 대한 지나친 걱정이나 부정적인 생각을 그대로 내버려두면 점점 커져서 감당할 수 없게 됩니다. 걱정이 시작되거나 잘못된 장면이 떠오른다면 즉시 "걱정멈춤법"을 사용합니다. 소리 내어"STOP(멈춰, 그만)"이라고 말하는 연습을 해보세요. 만약 수업 시간 중이거나 소리를 낼 수 없는 상황이라면 마음속으로 해도 괜찮습니다. 하루에 몇 번이나 "STOP"을 사용했는지 횟수와 그렇게 했을 때의 효과를 평가해서 적어 보세요.

날짜							
STOP 사용횟수							
효과(10점만점)							

사각호흡법

1. 숨 들이 마시기 → 2. 숨 참기 ↓ 3. 숨 내쉬기 ← 4. 미소 짓기 ↑

시험공부를 하기 전이나 공부를 할 때 편안한 마음을 가질 수 있도록 하는 것이 필요합니다. 아래에 있는 '사각호흡법'에 따라 차례대로 연습해 보세요. 연습을 자주 하면 마음이 차분해지고 머리가 맑아져서 공부가 잘 됩니다. 스트레스가 많이 쌓일 때에도 해 보면 도움이 될 거예요.

1. 주변에 있는 사각형을 하나 정합니다. (예: TV, 컴퓨터 모니터, 책 등)
2. 첫 번째 모서리(숨 들이 마시기) – 셋까지 헤아릴 동안 숨을 크고 깊게 들이 마십니다.
3. 두 번째 모서리(숨 참기) – 셋까지 헤아릴 동안 숨을 참습니다.
4. 세 번째 모서리(숨 내쉬기) – 셋까지 헤아릴 동안 숨을 조금씩 천천히 내쉬세요.
5. 네 번째 모서리(미소 짓기) – 양 손으로 입 끝을 올려서 미소 짓는 얼굴로 만듭니다.

활동 2 이미지 상상법

여러분을 평화롭게 만드는 이야기를 만들어 보세요.

나를 평화롭게 하는 이야기

지은이 : ______________

나의 다짐하기: 시험볼 때 자신감을 가질 수 있도록 나 자신에게 해 주는 말을 써보세요.

chapter 04

시험치기 전략 알기

CHAPTER 04 시험치기 전략 알기

- 제4장에서의 시험치기 전략은 실제로 시험을 칠 때 실수하지 않고 자신의 실력을 발휘하는 방법을 의미합니다.
- 시험 치는 방법에 대한 전략과 시험 후 결과를 분석하여 해석하고 오답을 작성하는 방법에 대한 것들을 소개합니다. 먼저, 시험 치는 방법에 대한 OX퀴즈를 풀어보고 '이대감만점' 전략을 게임으로 익힙니다. 시험 후에는 자신의 실력대로 성적이 나왔는지 우연히 답을 맞춘 것은 없는지 확인하기 위해 시험결과 분석과 오답노트를 작성하도록 구성하였습니다.
- 시험을 칠 때 실수로 정답을 잘못 표기하거나 정답을 밀려 쓴 학생들, 이름을 적지 않고 내거나 문제지에는 답을 적어놓고 답안지에는 빠뜨리고 표기하지 않는 학생들, 시험지 뒷장을 아예 풀지 않고 내는 학생들, 특히 집중력이 부족한 학생이나 세심한 것을 놓치는 학생들은 시험치기 전략 모듈을 사용하는 것이 효과적일 것입니다. 시험이 끝난 후에는 틀린 문제를 다시 풀지 않고 오답노트를 작성할 줄 모르는 학생들을 대상으로 시험 후 관리 방법에 대한 모듈을 선택적으로 사용해도 좋습니다.

목표

- 시험을 칠 때 '이대감만점' 시험치기 전략을 활용할 수 있다.
- 시험 후 시험결과를 분석할 수 있다.
- 오답노트 작성법을 알고 오답노트를 써서 활용할 수 있다.
- 시험결과에 대한 올바른 이유를 이해하고 스스로를 격려할 수 있다.

준비물

- 학생용 워크북
- 시험성적표, 시험지
- 싸인펜

모듈 4.1

시험치기 전략이란 무엇일까?

활동 1 '이대감만점'이란?

① **이**: 이름을 먼저 써라

② **대**: 대강 훑어보아라

③ **감**: 감이 오는 쉬운 문제부터 먼저 풀어라

④ **만**: 만만하지 않은 어려운 문제는 ☆표 하라

⑤ **점**: 점검하라. 풀지 않은 것, 빠뜨린 것을 확인하고 답을 맞게 썼는지 점검하라

활동 2 이대감만점 게임

1. 짝과 함께 시험 치기 전략인 '이대감만점'을 외워서 게임을 해 봅시다.
2. 가위, 바위, 보를 해서 순서를 정합니다.
3. 이긴 사람은 자신의 말을 시작에서 한 칸 옮겨 '이'에 놓습니다.
4. '이름을 먼저 쓰라'고 바르게 외웠으면 그 자리에 있고 기억하지 못하면 한 칸 뒤로 갑니다.
5. 먼저 승리에 도착한 사람이 이기는 게임입니다.

시작	이	대	감	만	점	이	대	감	만	점	승리

승리	이	대	감	만	점	이	대	감	만	점	시작

모듈 4.2

시험치기 전략 활용하기

활동 1 시험치기 전략 점검

시험지를 풀면서 시험치기 전략을 사용했는지 아래의 질문에 답해보세요.

연번	질문	전혀 아니다	아니다	보통이다	그렇다	매우 그렇다
		1	2	3	4	5
1	이름을 먼저 썼습니까?	1	2	3	4	5
2	여백에 '이대감만점'이라고 썼습니까?	1	2	3	4	5
3	먼저 시험지를 대강 훑어 보았습니까?	1	2	3	4	5
4	시험시간과 문제수를 확인해 보았습니까?	1	2	3	4	5
5	어려운 문제에 ☆표를 했습니까?	1	2	3	4	5
6	문제를 꼼꼼히 읽었습니까?	1	2	3	4	5
7	정답을 답안지에 빠짐없이 썼는지 확인했습니까?	1	2	3	4	5
8	끝까지 다 푼 후 표시 해 둔 문제로 돌아가 다시 풀었습니까?	1	2	3	4	5
느낀 점						

모듈 4.3

시험결과 분석하기

활동 1 채점표로 시험결과 분석하기

시험지를 보고, 채점표를 완성해 보세요.

구분	국어	수학	사회	과학	영어
'정'					
'실'					
'찍'					
(정+실-찍) 나의 실력					

오답을 살펴보고, 왜 틀렸는지 분석표를 완성해 보세요.

유형 \ 과목	국어	수학	사회	과학	영어
1. 문제를 잘못 읽어서					
2. 시간이 부족해서					
3. 몰라서					
4. 답을 잘못 표시해서					
5. 모르는 데 찍어서					
총계					

위의 표를 보고 느낀 점과, 앞으로 시험 칠 때 유의할 점에 대해 스스로 평가하여 적어 보세요.

모듈 4.4

오답노트 작성하기

활동 1 오답노트 작성하는 방법

오답노트 작성법

1. 맨 윗칸에 시험 친 날짜, 과목, 시험범위(단원이나 소제목)를 적는다.

2. 틀린 문제와 모르는데 찍어서 맞춘 문제 등을 복사해서 붙이거나 직접 적는다.

3. 문제아래 정답을 빨간색으로 적는다.

4. 정답 아래에 '해설'이라고 쓰고 파란색으로 다른 사람에게 문제풀이를 설명하듯 최대한 자세하게 쓴다. 본인이 모르면 친구나 선생님에게 물어서 적는다. 오답노트를 작성할 때 중간과정을 상세히 쓰고 정확하게 기억해야 할 부분을 색깔펜으로 강조하여 반복해서 익히도록 한다.

5. 틀린 이유 칸에는 왜 틀렸는지 그 이유를 자세하게 쓴다. 실수를 했다면 어느 부분에서 실수를 했는지 찾아서 구체적으로 적고, 몰라서 틀린 경우는 어느 부분을 몰랐거나 이해가 안 되었는지 정확히 찾아서 쓴다. 틀린 이유를 적는 것은 틀린 이유에 대해서 스스로 생각해 볼 기회를 가짐으로써 비슷한 유형의 문제를 틀리지 않게 하기 위해서이다.

6. 오답노트는 다음에 틀리지 않도록 하는 것이므로 시간 날 때마다 보며 반복 학습한다. (복습 횟수 표시)

활동 2 오답노트 작성하기

자신이 가장 먼저 하고 싶은 과목의 오답노트를 작성하여 봅시다.

날 짜	20○○년 ○○월 ○○일	과목		단원	
문 제					
정 답					
해 설 (풀이과정)					
틀린 이유					
복습 횟수					

모듈 4.5

시험 후 다짐하기

활동 1 시험 후 다짐하기

다음 '수민이 이야기'를 읽고 물음에 답하세요.

수민이는 평소 수학시험에서 90점 혹은 95점을 받는 학생이었습니다. 그런데 수민이가 웬일로 이번 시험에서 수학점수 60점을 받았습니다. 한번도 60점을 받은 적이 없었던 수민이는 크게 놀라고 당황하게 되었습니다. 수민이의 성적이 떨어지게 된 이유는 무엇일까요?

1. 수민이의 성적이 떨어진 이유를 써 봅시다.

2. 어떻게 말해주면 수민이의 마음을 위로할 수 있을까요?

다음 '성수의 이야기'를 읽고 물음에 답하세요.

이번 2학기 수학경시대회에서 성수는 평소 자신의 수학 성적보다 무려 20점이나 높은 점수를 받았습니다. 성수는 다른 친구들에 비해 수학 성적이 아주 뛰어난 학생이 아닙니다. 어느 때는 친구들에 비해 좋지 않은 성적을 받을 때도 있었고, 어느 때는 친구들과 비슷한 정도였습니다.

이렇게 평소에는 높은 수학점수가 나오지 않았던 성수가 이번 수학경시대회에서는 다른 친구들에 비해서도 잘 나오게 된 것입니다. 그런데 성수의 표정이 그다지 밝지 않습니다. 마치 자신이 그런 성적을 받게 되었다는 것이 믿어지지 않는다는 표정입니다. 좋아하고 기뻐하기 보다는 오히려 고개를 갸웃거리고 있습니다.

1. 시험성적이 좋은 데도 성수의 표정이 밝지 않은 이유가 무엇이라고 생각하나요?

2. 성수의 표정이 어두운 이유에 대해서 친구들과 함께 이야기해봅시다.

3. 최근에 친 시험결과를 생각해보고 왜 그런 결과가 나왔다고 생각하는지 이유를 적어봅시다.

4. 만약 시험결과가 좋지 않다면 어떻게 생각하는 것이 도움이 될지 ✓표해 봅시다.

☐	난 원래 머리가 나빠서 그래. 그러니까 나는 아무리 노력해도 공부를 잘 할 수 없어.
☐	내가 한 노력이 부족해서 결과가 좋지 않았구나. 다음에는 좀 더 노력해봐야겠다.
☐	내가 열심히 노력해서 좋은 성적을 얻었다. 계속 열심히 노력해야지.
☐	와, 운이 좋았구나. 다음에도 계속 운이 좋으면 좋겠다.

참고문헌

교육부(2014). 초등학교 4학년 1학기 읽기.
교육부(2013). 초등학교 5학년 과학.
교육부(2013). 초등학교 6학년 국어.
교육부(2009). 초등학교 5학년 1학기 읽기.
김동일, 신을진, 이명경, 김형수 공저(2011). 학습상담. 서울: 학지사.
김소영, 서봉금, 김정섭(2014). 목표설정 중심의 시간관리 프로그램이 중학생의 진로 자기효능감에 미치는 효과. 사고개발, 2014,10(2), 31-47.
김소영, 최지만, 김정섭(2013). 학습컨설팅 프로그램이 초등학교 학습부진아의 주의집중력에 미치는 효과. 사고개발, 2013, 9(3), 43-61.
김영채(2005). 생각하는 독서. 서울: 박영사.
김영채(2011). 독서이해와 글쓰기. 서울: 교육과학사.
김의식(2012). 바보처럼 공부하고 천재처럼 꿈꿔라. 서울:명진출판.
김정섭(2009). 학습컨설팅의 중요성과 학습 컨설턴트의 역할. 학교심리와 학습컨설팅, 1(1), 19-33.
김정섭(2012). 교수학습센터를 위한 학습컨설팅. 교육심리연구, 26(4), 837-851.
김지영(2013). 자기조절학습프로그램이 초등 학습부진아의 학습동기와 학습전략에 미치는 영향. 부산대학교 대학원 석사학위 논문.
김지영, 김정섭(2014). 학교기반 학습컨설팅 프로그램이 초등학생의 학습전략에 미치는 효과. 학습자중심교과교육학회지, 14(6), 169-192.
김현영, 정영선(2010). 청소년을 위한 학습상담. 서울: 시그마프레스.
노지영(2011). 어린이를 위한 시간관리의 기술. 경기도: 위즈덤하우스.
박수홍, 안영식, 정주영(2010). 체계적 액션러닝. 서울: 학지사.
박은교(2011). 세계 1등 위인들이 들려주는 아주 특별한 시간관리 습관. 경기도: 니케북스.
사이언 베일락(2011). 부동의 심리학(박선령 역). 경기도: 21세기북스.
소년한국일보(2102). "꽃 · 풀잎 우산 속으로… 곤충들의 폭우 피하는 요령". 7월 29일.
신현숙(2005). 독서교육. 서울: 홍진P&M.
어린이동아(2012). "지구촌 '탄소 없애기' 대작전". 3월 12일.
어린이 동아(2012). "뜨거워진 한반도, '경북포도' 옛말". 8월 14일.
어린이 동아(2012). "확대되는 녹조현상". 8월 9일.
윤채영(2011). 전문가 모형의 학교기반 학습컨설팅 적용이 학습전략에 미치는 효과. 교육심리연구, 25(3), 545-567.
윤채영, 김정섭(2015). 학교기반 학습컨설팅 모형개발. 한국교육, 42(1), 107-135.
윤채영, 김정섭(2010). 예방적 학습컨설팅이 전환기 중학생의 학업동기에 미치는 영향. 중등교육연구, 58(3), 381-408.
윤채영, 황두경, 김정섭(2012). 초등 학습부진아와 일반아의 학업동기와 학습전략 특성 비교. 사고개발, 8(2), 125-149.
윤현주, 윤소영, 김정섭(2009). 주의집중전략 훈련이 초등학생의 학습태도와 학업성취도에 미치는 영향. 학교심리와 학습컨설팅, 1(1), 67-78.
이채윤(2006). 컴퓨터 병을 고치는 의사 안철수. 서울: 보물섬.
이화진, 임혜숙, 김선, 송현정, 홍순식, 조난심(1999). 초등학교 학습부진아용 교수-학습자료 개발: 학습동기 전략 프로그램(CRC 1999-2). 서울: 한국교육과정평가원.
전도근(2012). 공부의 달인이 되는 기억력과 암기력 향상 전략(교사용 지도서). 서울: 학지사.
전도근(2011). 공부의 달인이 되는 기억력과 암기력 향상 전략(학생용 워크북). 서울: 학지사.
전도근(2010). 자기주도적 학습전략 시리즈 2: 공부의 달인이 되는 주의 집중력 향상 전략 교사용 지도서. 서울: 학지사.
정미선, 정세영(2012). 영재학생과 일반학생의 학습양식 비교. 영재교육연구, 2012, 22(2), 39-59.
정세영, 김정섭(2013). 전환기 중학생의 학습동기와 학습전략의 관계. 사고개발, 2013, 9(1), 161-176.
천경록, 이경화 역(2003). 독서지도론, 서울: 박이정.
최동선, 정향진, 이민욱, 문한나, 추연우, 현지훈(2014). 국가직무능력표준(NCS)학습모듈 활용방안 연구. 서울: 한국직업능력개발원.
최정원, 이영호(2006). 시험불안 다루기 전략 및 시험전략. 서울: 학지사.
표시정(2007). 은혜갚은 꿩. 서울: 씽크하우스.
한국콘텐츠진흥원(2005). "산사의 소리, 은혜 갚은 꿩". http://www.culturecontent.com (2015.8.20. 방문).
호아킴 데 포사다(2009). 마시멜로 이야기. 서울: 한국경제신문사.
황경렬(1997). 행동적, 인지적, 인지-행동 혼합적 시험불안 감소훈련의 효과비교. 한국심리학회지: 상담과 심리치료, 9(1), 57-80.
황두경, 김정섭(2014). 초등학교 학습부진학생의 시간관리능력과 학업적 자기효능감에 대한 시간관리 학습전략 프로그램의 효과. 사고개발, 10(4), 39-57.
Bobb Biehl, B., & Paul Swets. (2012). 꿈을 향한 31일간의 여행(박영인 역). 경기도: 큰나무(원저 2007에 출판).
Carolyn, C. (2012). 학습부진아 지도를 위한 220가지 전략 학습코칭(정종진 역.). 서울: 시그마 프레스(원저 2001 출판).
Finch, C. R., & Crunkilton, J. R.(1999). Curriculum development in vocational and technical education. planning, content, and implementation, MA : Allyn and Bacon.
Stephen R. Covey., A. Roser Merrill., & Rebecca R. Merrill. (1997). 소중한 것을 먼저 하라(김경섭 역). 서울: 박영사(원저 1994에 출판).

공저자약력

김정섭(KIM JungSub)

창의성교육, 비판적사고, 칭찬프로그램개발에 관심을 가지고 연구를 하였고, 최근에는 학습컨설팅을 토대로 한 학교심리학에 많은 관심을 가지고 있다. 현재 부산대학교 교육학과 교수로 근무하고 있다.

creativejin@pusan.ac.kr

강명숙(KANG MyungSuk)

인지, 정서, 행동문제로 어려움을 겪고 있는 학생들의 적응을 위한 학습컨설팅 및 창의력교육에 관심을 가지고 연구하고 있다. 현재 한국학습컨설팅센터장으로 근무하고 있다.

kangms386@hanmail.net

윤채영(YOON ChaeYoung)

학습컨설팅, 학습부진, 학습전략, 학습몰입, 학업중단, 학사경고 등에 관심을 가지고 연구하고 있다. 현재 신라대학교 교육혁신본부 교수로 근무하고 있다.

chaeyoungy@hanmail.net

정세영(JUNG SeYoung)

창의력과 글 이해에 대하여 관심을 가지고 연구하였고, 최근 학습컨설팅과 창의적 학습에 많은 관심을 가지고 있다. 현재 계명대학교 교수학습개발센터 교수로 근무하고 있다.

308580@hanmail.net

김지영(KIM JiYoung)

학습부진, 학습동기 및 학습전략에 관심을 가지고 연구하였으며, 최근 대학생의 진로/학습컨설팅과 수업참여에 많은 관심을 가지고 있다. 현재 경남대학교 대학혁신지원사업단 교수로 근무하고 있다.

chinkuya@hanmail.net

김소영(KIM SoYeong)

진로상담, 학습자 심리정서조절, 학습부진아 학습컨설팅, 진로학습컨설팅에 관심을 가지고 연구하고 있다. 현재 영산대학교 교수학습개발원 교수로 근무하고 있다.

donald9328@gmail.com

황두경(HWANG DuGyeong)

학습부진 및 시간관리에 관심을 가지고 연구를 하였고, 최근에는 대학생의 학습역량 강화 프로그램 개발에 많은 관심을 가지고 있다. 현재 동의대학교 교수학습개발센터 교수로 근무하고 있다.

hdk1225@deu.ac.kr

학습컨설팅 프로그램 시리즈

학습전략 프로그램

: 학습컨설턴트, 교사 등 전문가들을 위한 학습전략 프로그램 사용 안내서

- 학습전략 프로그램 1 : 시간관리
- 학습전략 프로그램 2 : 집중전략
- 학습전략 프로그램 3 : 기억전략
- 학습전략 프로그램 4 : 읽기전략
- 학습전략 프로그램 5 : 시험관리

학습전략 프로그램 워크북

: 프로그램에 따른 학습전략 사용능력 향상을 위한 실전용 학생 개별 활동지

- 학습전략 프로그램 워크북 1 : 시간관리
- 학습전략 프로그램 워크북 2 : 집중전략
- 학습전략 프로그램 워크북 3 : 기억전략
- 학습전략 프로그램 워크북 4 : 읽기전략
- 학습전략 프로그램 워크북 5 : 시험관리

학습컨설팅 시리즈

학습전략 프로그램 워크북 05 시험관리

초판발행 2020년 3월 4일

공저자 김정섭 · 강명숙 · 윤채영 · 정세영 · 김지영 · 김소영 · 황두경
펴낸이 노 현

편 집 조보나
기획/마케팅 이선경
표지디자인 조아라
제 작 우인도 · 고철민

펴낸곳 ㈜ 피와이메이트
서울특별시 금천구 가산디지털2로 53 한라시그마밸리 210호(가산동)
등록 2014. 2. 12. 제2018-000080호
전 화 02)733-6771
f a x 02)736-4818
e-mail pys@pybook.co.kr
homepage www.pybook.co.kr
ISBN 979-11-6519-009-5 94370
979-11-6519-011-8 94370(세트)

정 가 9,500원